AF363618

LES DEUX SANS-CULOTTES

POCHADE NON POLITIQUE EN UN ACTE,

PAR MM. MOREAU, SIRAUDIN ET DELACOUR,

REPRÉSENTÉE, POUR LA PREMIÈRE FOIS, A PARIS, SUR LE THÉATRE DE LA MONTANSIER, LE 30 OCTOBRE 1849.

DISTRIBUTION DE LA PIÈCE.

TICQUETONNE...................... M. Sainville.

RACAHOUT...................... M. Grassot.

L'HOTESSE...................... Mlle Gabrielle.

UNE ANGLAISE .... Mlle Paterson.

UN GROOM.... .... M. Ferdinand.

JEANNETTE...................... Mlle Thaïs.

Le théâtre représente une chambre d'auberge. — A gauche, premier plan,
une croisée, une table avec un flambeau allumé; troisième plan, porte
d'entrée. — Au fond, un lit au milieu. — A droite, premier plan, une
porte; troisième plan, une cheminée.

SCÈNE I.

L'HOTESSE, *achevant d'arranger le lit.*

Là, cette dame anglaise peut arriver quand elle voudra...
(*Ecoutant.*) Tiens... la diligence de Paris qui se remet en route...
pourvu qu'elle ne m'ait pas laissé de voyageurs; il me serait im-
possible de les loger. (*Elle entre à droite.*)

RACAHOUT, *en dehors.*

Ah ça, Monsieur.

TICQUETONNE, *en dehors.*

Allez vous promener !

SCENE II.

RACAHOUT, TICQUETONNE. (*Ils entrent en se bousculant.
Racahout porte une valise. Ticquetonne traîne une malle après
lui de manière à la lancer dans les jambes de Racahout.*) *

RACAHOUT.

Sacrebleu... Monsieur... j'ai des jambes.

TICQUETONNE.

Ne faites pas attention...

RACAHOUT.

Mais c'est vous qui ne faites pas attention... gros buffle !

TICQUETONNE.

Comment avez-vous dit ?

RACAHOUT.

Je vous ai appelé buffle !

TICQUETONNE.

A la bonne heure... j'aime mieux ça... Je croyais avoir en-
tendu...

RACAHOUT.

J'ignore ce que vous êtes dans le commerce... **

TICQUETONNE.

Je n'y suis pas.

RACAHOUT.

Où ça ?

TICQUETONNE.

Dans le commerce.

* Ticquetonne, Racahout.
** Racahout, Ticquetonne.

RACAHOUT.

J'ignore ce que vous êtes dans le commerce...

TICQUETONNE.

Je n'y suis pas !

RACAHOUT.

Dans le commerce habituel de la vie... mais je déclare qu'en voyage, vous êtes le citoyen le plus cauchemardant des quatre-vingt-six départements, et remarquez que je vous fais grâce de l'Algérie et des colonies...

TICQUETONNE, *se croisant les bras.*

Croyez-vous donc, mossieu, que j'ai eu à me réjouir de votre voisinage... Ah! mais non, rayez cela de vos tablettes, je vous prie... vous avez des tablettes, rayez... (*L'Hôtesse rentre.*)

SCENE III.

Les Mêmes, L'HOTESSE.*

RACAHOUT.

Ah! madame l'hôtesse.... car je présume que vous êtes l'hô-tesse... laissez-moi vous exprimer... l'embêtement que monsieur m'a procuré tout le long de la route...

L'HOTESSE.

Mais, messieurs, comment vous trouvez-vous ici?... il est deux heures, et je dois vous prévenir...

TICQUETONNE, *à l'Hôtesse.*

Le bateau à vapeur passera-t-il bientôt ?

RACAHOUT.

Le bateau à vapeur passera-t-il bientôt?

TICQUETONNE.

Pourquoi répétez-vous ce que je dis ?

RACAHOUT.

Pourquoi dites-vous ce que j'ai à dire ?

L'HOTESSE.

Il ne passera cette nuit que fort tard, messieurs.

TICQUETONNE.

En attendant, donnez-moi une chambre...

RACAHOUT.

Donnez-moi une chambre.

TICQUETONNE.

Encore!... Monsieur, vous n'êtes qu'un perroquet, un ka-katoa !...

* Racahout, l'Hôtesse, Ticquetonne.

RACAHOUT, *furieux.*

Kakatoa toi-même !

L'HOTESSE.

Messieurs, je n'ai que cette chambre et ce cabinet... et même ils ont été retenus par une dame anglaise qui peut arriver d'un moment à l'autre...

TICQUETONNE.

N'importe, je m'installe ici... je prends la chambre, et vous prenez le cabinet... Quand cette dame arrivera...

RACAHOUT, *à l'Hôtesse.**

Voici ma valise... vous la ferez mettre aux bagages...

L'HOTESSE.

Oui, monsieur.

TICQUETONNE.

Vous enverrez prendre ma malle dès que vous entendrez la cloche...

L'HOTESSE.****

Oui, monsieur... (*A part.*) Eh ben ! ils ne sont pas gênés... après ça, s'ils prennent le bateau à vapeur, ils seront partis avant l'arrivée de la dame... (*Haut.*) Si ces messieurs voulaient souper...

TICQUETONNE.******

Non, merci.

L'HOTESSE.

J'ai un morceau de bœuf rôti excellent.

RACAHOUT.

Je ne prends rien la nuit... (*Il prend la taille de l'Hôtesse.*)

L'HOTESSE.

Belles pratiques !...

AIR *de Dagobert.* (Doche.)

ENSEMBLE.

RACAHOUT *et* TICQUETONNE.

Patiemment, moi je m'en vais attendre,
Et pour demain je serai plus dispos.
Décidément, nous ne voulons rien prendre,
Rien, si ce n'est un instant de repos.

L'HÔTESSE.

Patiemment, messieurs, il faut attendre,
Et pour demain vous serez plus dispos.
Décidément, vous ne voulez rien prendre,
Rien, si ce n'est un instant de repos.

* Ticquetonne, l'Hôtesse, Racahout.
** L'Hôtesse, Ticquetonne, Racahout.
*** Ticquetonne, l'Hôtesse, Racahout.

SCENE IV.

TICQUETONNE, RACAHOUT. *

RACAHOUT.

Monsieur, je vais me coucher...

TICQUETONNE.

Vous remarquerez que je ne vous dis pas bonsoir...

RACAHOUT.

Enfin ! (*Il hausse les épaules.*) Ah ! sapristi ! (*Après avoir ouvert la porte du cabinet.*) Ce n'est pas un cabinet, c'est une niche... (*Il entre.*)

TICQUETONNE.

C'est assez bon pour vous ! (*A part.*) Cet homme est un lâche qui se laisse insulter sans me répondre... j'en abuserai... (*Haut.*) C'est encore trop bon pour vous !

RACAHOUT , *sortant du cabinet.*

Vous êtes un grossier citoyen... mais vos injures n'atteindront jamais la hauteur de mes dédains...

TICQUETONNE.

Bravo ! l'ordre du jour !

RACAHOUT, *à part.*

Je vais écrire à mon oncle, et lui faire savoir que dans quelques heures... je serai dans les bras de mon futur beau-père, le vénérable monsieur Ticquetonne...

TICQUETONNE.

Monsieur, vous me fatiguez !

RACAHOUT.

Je le suis plus que vous fatigué... gros hanneton ! (*Racahout se retire dans le cabinet.*)

SCENE V.

TICQUETONNE, *seul, riant.*

Ah ! ah ! ah ! cet homme est d'un déplaisant... et pourtant il me plaît... arrangez ça... oui, j'aime ce caractère qui se rebiffe... Puis, nous autres humains nous sommes singulièrement faits... nous aimons qui nous taquine, qui nous asticote... D'abord moi, je suis replet, je suis sanguin... j'ai besoin d'être asticoté... ça me fait du bien, ça me fouette le sang...

RACAHOUT , *à travers la cloison.*

Monsieur !

TICQUETONNE.

Que me veut-il encore ?

* Ticquetonne, Racahout.

RACAHOUT.

Vous m'ennuyez !

TICQUETONNE.

Comment, je l'ennuie...

RACAHOUT.

Ça s'écrit-il avec deux U ?...

TICQUETONNE.

Je n'en sais rien.

RACAHOUT.

Vous ne savez donc pas l'orthographe ?

TICQUETONNE.

Non.

RACAHOUT.

Alors, vous êtes un âne !

TICQUETONNE, riant.

Oh ! bien répondu... Que cet être-là me plaît... si mon futur gendre avait un pareil caractère... Car, tel que vous me voyez, je suis sur le point de passer beau-père... Je viens de faire le voyage de Paris, afin d'obtenir des renseignements sur un gendre qu'on me propose pour ma fille Cunégonde... Monsieur Racahout, c'est le nom du hobereau, flotte entre vingt-sept et quarante et un ans... Il a, m'a-t-on dit, car je ne l'ai pas vu, la bouche fendue en amande, les yeux en cœur et les jambes en dedans... Mais, voyons, il ne s'agit pas de mon gendre... Si je dormais ? le bateau à vapeur ne passera peut-être pas de longtemps. C'est cela, couchons-nous... on viendra me réveiller et j'aurai le temps de me vêtir... (Il porte sa malle près de son lit, et ôte ses habits qu'il place sur une chaise près de sa malle.) Je vais donc marier ma fille !... Oh ! quelle douce satisfaction éprouve le père de famille à se débarrasser ainsi de ses enfants... Où ai-je un bonnet de nuit ?... ah ! dans malle !... (Il cherche dans sa malle et en enlève presque tout le contenu qu'il place sur la chaise où sont déjà tous ses habits.) Ah ! en voici un... je ne veux pas m'enrhumer comme cet imbécile...

RACAHOUT, du cabinet.

Voisin, dormez-vous ?

TICQUETONNE.

Oui, je dors... et je vous prie de ne pas me réveiller...

RACAHOUT, entr'ouvrant la porte.

Dites donc, auriez-vous un tire-bottes ?

TICQUETONNE, se précipitant à demi habillé vers la porte qu'il repousse de manière à prendre la tête de Racahout.

Ne regardez pas, ne regardez pas !

RACAHOUT.

Mais vous m'étranglez !...

TICQUETONNE.

C'est excellent pour le rhume... Retirez-vous... ne remettez plus la tête chez moi... (*Il ferme la porte à clef.*)

RACAHOUT, *dans le cabinet.*

Mais vous m'enfermez...

TICQUETONNE.

Très-bien... maintenant je puis me coucher... (*Il passe derrière les rideaux du lit et achève de se déshabiller; on entend Racahout frapper à la porte.*) Frappe, frappe... Monsieur, ne me forcez pas à me lever... je suis comme un fleuve rapide; quand je sors de mon lit, je deviens terrible... Ah! il se calme... (*Il s'est couché et a déposé son pantalon sur la chaise où sont les autres objets.*)

RACAHOUT.

Monsieur, j'étouffe dans ce cabinet!

TICQUETONNE.

La chaleur est très-bonne pour le rhume, ça vous servira de mou de veau.

RACAHOUT.

Je vous rends responsable de ma mort...

TICQUETONNE.

Je le veux bien... Mais bonne nuit ... Ah! je suis très-fatigué, je sens que je vais dormir comme une marmotte... (*S'endormant.*) On ne l'entend plus... il doit être étouffé...

RACAHOUT, *frappant.*

Eh! là-bas!

TICQUETONNE.

Il ne l'est pas encore... le ciel n'est pas juste!

RACAHOUT.

J'ai ôté mon pantalon, mais je ne puis pas ôter mes bottes.

TICQUETONNE.

Eh bien, gardez-les...

RACAHOUT.

Venez m'aider à les tirer...

TICQUETONNE.

Je tire mes rideaux, je vous tire ma révérence... tirez-vous de là... (*Moment de silence, musique en sourdine, ronflement de Ticquetonne; la cloche sonne.*)

SCÈNE VII.

TICQUETONNE, L'HOTESSE, *puis* JEANNETTE.

L'HOTESSE.

Allons vite, messieurs, voici le bateau à vapeur... Eh bien!

où sont-ils ?.. (*Elle tire les rideaux.*) Comment ! il est couché...
Allons, monsieur.

TICQUETONNE, sans s'éveiller.

Vous m'ennuyez à la fin.

L'HOTESSE.

Comment ?... mais c'est le bateau à vapeur.

TICQUETONNE.

Hein ? quoi ?... J'y suis... je m'habille...

L'HOTESSE.

Je vais emporter votre malle.

TICQUETONNE.

C'est cela. . remettez-y tous ces effets qui sont sur la chaise
et fermez-la.

L'HOTESSE, *elle remet dans la malle tous les effets que Ticquetonne
en a ôtés , et de plus l'habit, le pantalon, etc. , qui se trouvent
aussi sur la chaise.*

Seulement dépêchez-vous... vous n'avez plus que cinq mi-
nutes... (*A Jeannette.*) Jeannette, emporte cette malle...

JEANNETTE.

Oui, madame ! (*Elle sort emportant la malle.*)

L'HOTESSE.

Mais cet autre monsieur?...

TICQUETONNE.

Ah ! ne vous en occupez pas... il doit être étouffé... là dans
ce cabinet...

L'HOTESSE, ouvrant la porte.

Eh monsieur !... descendez vite ! voilà le bateau à vapeur !

RACAHOUT, en dehors.

Je vous suis... je n'ai que mon pantalon à passer...

L'HOTESSE.

Ne perdez pas une minute. (*Elle sort.*)

SCENE VII.

TICQUETONNE, *puis* RACAHOUT.

TICQUETONNE , se levant en caleçon.

Je commençais à m'endormir. (*Cherchant.*) Ah ça , où dia-
ble ai-je mis mes hardes ? je ne les vois pas... où donc est passé
mon pantalon ? (*On entend la cloche. A la fenêtre.*) Ah! voilà la
cloche !

RACAHOUT, *sortant vivement du cabinet; il est complétement habillé,*
sauf son pantalon qu'il tient à la main.

Hein ! ne partez pas sans moi...

* Ticquetonne, Racahout.

TICQUETONNE, *apercevant le pantalon que tient Racahout.*
Ah ! le voici... pourquoi me l'avez-vous pris ?

RACAHOUT.
Pris quoi ?

TICQUETONNE.
Mon pantalon... (*Il veut le prendre.*)

RACAHOUT.
Mais c'est le mien !

TICQUETONNE.
Voleur ! (*Ils tirent le pantalon chacun de son côté et le déchirent en deux.*)

RACAHOUT.
Allons, bon ! voilà mon pantalon en deux !

TIQUETONNE.
Ton pantalon... tu oses encore dire... Tiens, va le chercher ton pantalon. (*Il le jette par la fenêtre.*)

RACAHOUT.
Par la fenêtre... dans la rivière... et le bateau à vapeur part... (*Il appelle.*) Eh! cap'taine !..

TICQUETONNE.
Il nous laisse là... Cap'taine !...

RACAHOUT.
Arrêtez donc !... Il est parti !...

TICQUETONNE.
Il est parti. (*Il tombe accablé sur un fauteuil.*)

SCENE VIII.

LES MÊMES, L'HOTESSE.[*] (*L'Hôtesse entre.*)

RACAHOUT.
Ah ! madame l'hôtesse, ma valise...

TIQUETONNE.
Et mes effets qui étaient sur cette chaise ?

L'HOTESSE.
Dam ! votre valise... elle est avec la malle de monsieur sur le bateau à vapeur.

TICQUETONNE.
Nous voilà bien !

RACAHOUT.
Nous ne pouvons pas sortir dans cet état...

TICQUETONNE.
Les réglements de police s'y opposent.

[*] Racahout, l'Hôtesse, Ticquetonne.

LES DEUX SANS-CULOTTES.

L'HOTESSE.

Pourtant, messieurs, vous ne pouvez pas rester ici.

TICQUETONNE.

Eh bien ! alors procurez-nous un pantalon sur-le-champ...
réveillez, s'il le faut, les voisins, tout le pays, peu m'importe...
mais, mort ou vif, il me faut un pantalon...

RACAHOUT.

Deux pantalons ! deux pantalons !...

AIR *de la Savonnette.*

TICQUETONNE, RACAHOUT *et* L'HOTESSE.

Sans tarder davantage,
Venez nous
Je vais vous apporter,
Ce que femme, en ménage,
Sait toujours bien porter.

(*L'Hôtesse sort.*)

SCÈNE IX.

RACAHOUT, TICQUETONNE.*

RACAHOUT, *criant.*

Deux ! deux pantalons... Si elle allait n'en apporter qu'un.

TICQUETONNE.

Il serait pour moi...

RACAHOUT.

Pour vous... et pourquoi plutôt que pour moi ?

TICQUETONNE.

Parce que je l'ai demandé.

RACAHOUT.

Je l'ai demandé aussi. (*Examinant Ticquetonne.*) Est-il bâti...
est-il bâti...

TICQUETONNE, *l'examinant.*

Est-il possible d'être construit comme ça...

RACAHOUT.

Et les jambes.**

TICQUETONNE, *désignant les jambes de Racahout qui a des bottes à
tiges vertes.*

Deux haricots verts...

RACAHOUT.

Deux jambons... (*Il désigne les jambes de Ticquetonne.*) Reve-
nons au pantalon... et permettez-moi de vous poser une ques-
tion...

TICQUETONNE.

Posez.

* Racahout, Ticquetonne.
** Ticquetonne, Racahout.

RACAHOUT.

Votre intention est-elle dans le cas où cette hôtesse dénuée d'intelligence, comme de vêtements mâles, n'apporterait qu'un pantalon, votre intention, dis-je, est-elle de me le céder?

TICQUETONNE.

N'y comptez pas, seigneur.

RACAHOUT.

Je vais vous émouvoir.

TICQUETONNE.

Je ne le crois pas.

RACAHOUT.

Monsieur... je suis attendu demain dans une famille respectable... puis-je me présenter dans ce costume qui leur fera me supposer des opinions politiques qui ne sont pas les miennes...

TICQUETONNE.

Non... non, vous ne le pouvez pas... Mais à mon tour de vous émouvoir...* Monsieur, je suis maire de mon endroit, on viendra demain matin, au débotté de la diligence, avant que j'aie eu le temps de rentrer chez moi, à ma rencontre... l'adjoint me haranguera... car on me harangue quand j'arrive... les vierges du pays... m'offriront des bouquets...

RACAHOUT.

Ah! vous avez...

TICQUETONNE.

Oui, nous avons des... bouquets dans le pays... Puis-je décemment me présenter à des adjoints et à des rosières dans ce négligé mi-flanelle mi-madapolam?...

RACAHOUT.

Non... vous ne le pouvez pas.

TICQUETONNE.

Ah! vous en convenez.

RACAHOUT.

Cependant je vous ferai observer que s'il n'y a qu'un pantalon, il est inutile que nous nous présentions deux pour l'habiter.

TICQUETONNE.

C'est mon opinion... Ah ça, cette hôtesse n'arrive pas?

RACAHOUT.

Si vous croyez qu'on trouve comme ça un pantalon à trois heures du matin!

TICQUETONNE.

En l'attendant et pour passer le temps, causons... Vous devez avoir une jolie voix... chantez-moi quelque chose...

* Racahout, Ticquetonne.

RACAHOUT.

Volontiers, monsieur... (*A part.*) Je conçois un petit plan.

TICQUETONNE.

Commencez.

RACAHOUT.

AIR :

L'autre jour, en passant par Lizieux,
Une enseign' se présente à mes yeux,
Moi qu'épèle assez gentiment,
Je me mis à lir' très-couramment.
Je voyais des lettres par-ci, par là,
Des *i*, des *o*, des *u*, des *a*,
Et je me dis : Ah! m'y voilà!
        Ah !
B, u, bu, r, e, a, u, reau,
D, e, de, t, a, b, a, c, bac,
M, a, ma, n, u, c, nuc,
        Manuc...
Des manufactur's royal's.
Bureau de tabac, des manufac,
Fac, des manufac, des mauufac,   } *bis.*
        Des manufac,
          Ac !
B, u, bu, etc.

TICQUETONNE, *à demi endormi.*

Allez toujours... ce n'est pas que ce vous dites soit joli... mais
le son de votre voix ressemble au balancement d'une pendule...

RACAHOUT, *à part.*

Attends, je vais te balancer tout à fait.

DEUXIÈME COUPLET.

De Saint-S'ver en passant par la ru
D' nouvell's lettr's se présent'nt à ma vu',
Revoulant r'exercer mon talent,
Je m' mis à lir' comme un savant.
Je me dis : Ceci est embrouillé,
Mais, c'est égal, il faut chercher...
Je vois un *b*, un *p*, un *t*,
Et je m' réponds : Ah ! j'ai trouvé,
        Eh !
B, o, n, je me dis : ça fait bon
C, i, ci, d, r, e, dre, bon cidr'
A, l, p, t, y, e, r, ier.
Ça fait bon cidre à dépoteyer,

Oui, cela fait bon cidre à dépo, ⎫
Bon cidre à dépo, cidre à dépo, ⎬ *bis.*
     Cidre à dépo,
        Oh !

B, o, n, etc.

Il va près du lit et s'y couche en y entrant par le pied, tout en chantant piano pour mieux tromper Ticquetonne qui s'endort tout à fait.

TICQUETONNE, *se réveillant dans le silence.*

Hum... j'ai dormi... Tiens, où donc est l'autre?... ça l'aura ennuyé de me voir dormir... Profitons de son absence pour me réinsinuer... (*Il va se coucher et entre dans le lit par la tête, sans écarter le rideau du milieu. Puis passant la tête dans la chambre.*) Il est parti...

RACAHOUT, *passant sa tête de l'autre côté des rideaux.*

Il n'est plus là !

TICQUETONNE.

Qu'est-ce qu'il y a donc dans mon lit? (*Apercevant Racahout.*) Ah ! c'en est trop...

RACAHOUT.

Comment ! encore vous?

ENSEMBLE.

Il faut que cela finisse. (*Ils écartent les rideaux et s'asseyent vivement sur leur séant, de manière à se trouver vis-à-vis l'un de l'autre ; il se croisent les bras et se regardent avec fureur.*)

TICQUETONNE.

Crétin...

RACAHOUT.

Idiot... vous m'avez farfouillé le dos avec vos pieds.

TICQUETONNE.

Vous m'avez chatouillé le nez... avec vos talons de bottes...

RACAHOUT.

Eh bien?

TICQUETONNE.

Oh ! laisse-moi te regarder encore quelques instants en chien de fayence... hou ! hou!... (*Ils referment les rideaux et se battent. On entend les coups et on voit les rideaux s'agiter.*)

L'HOTESSE, *en dehors.*

Oui, milady, par-ici.

RACAHOUT, *passant sa tête.*

L'insulaire! nous voilà dans de beaux draps.

SCÈNE X.

Les Mêmes, *couchés*, UNE ANGLAISE, UN GROOM,
JEANNETTE.

JEANNETTE.*

La bourgeoise n'est pas là... mais je vais vous installer.

L'ANGLAISE.

Dou you say that is it there.

JEANNETTE.

Oui, milady, on vous sert.

L'ANGLAISE.

That is not beatiful... and for my groom.

LE GROOM.

Oh! that is very little!

JEANNETTE.

Il y a un lit... oui... (*Elle désigne le cabinet.*)

L'ANGLAISE.

Go slop !

LE GROOM.

God night. (*Il entre dans le cabinet.*)

L'ANGLAISE.

God night.

JEANNETTE.

Le souper est prêt dans la salle à manger... si milady veut se
mettre à table.**

L'ANGLAISE.

Yes... whatt ,is it?

JEANNETTE.

Nous avons un morceau de bœuf excellent... c'est de la culotte.
(*Elle sort.*)

L'ANGLAISE, *choquée.*

Oh ! schoking !...

RACAHOUT, *passant la tête.*

On a parlé de culotte.

TICQUETONNE, *de même.*

Cachez-vous donc !...

SCÈNE XI.

L'ANGLAISE, TICQUETONNE *et* RACAHOUT, *cachés.*

Oh! there woman french are inconvenant! *Une tirade en
anglais à la volonté de l'actrice, qui à la fin ôte son châle, son
chapeau, se dirige vers le lit, entr'ouvre les rideaux, pousse un cri*

* Le Groom, l'Anglaise, Jeannette.

** Jeannette, l'Anglaise.

à la rue des deux hommes et tombe sur une chaise. — Ticquetonne et Racahout sortent vivement du lit.)

TICQUETONNE.

Madame, ne craignez rien...

RACAHOUT, *saluant.*

Je suis un chevalier français...*

L'ANGLAISE, *se relevant vivement.*

Schoking! Schoking!...

TICQUETONNE, *saluant.*

Je ne suis pas chevalier... mais je suis français...

L'ANGLAISE.

Oh! my good... (*Elle joint les mains, puis les voyant en caleçons.*) Oh! schoking... schoking... (*Elle se sauve par la gauche.*)

SCENE XII.

RACAHOUT, TICQUETONNE.

RACAHOUT.

Vous l'avez effarouchée, vieille futaille!... avec votre faux air de Bacchus...

TICQUETONNE.

Ah! le voilà qui va recommencer à m'injurier!... Mon Dieu! que ce caractère-là me va... mon Dieu! que cet homme désagréable me plaît! il me chausse! il me botte! il me gante! Quel dommage qu'il ne me culotte pas!

VOIX, *en dehors.*

A l'ouvrage,
Les amis sont toujours là...

RACAHOUT.

Une voix... une voix d'homme!...

TICQUETONNE.

Qu'est-ce qu'il y a?

RACAHOUT.

Quel espoir!...

TICQUETONNE.

Où allez-vous? (*Racahout sort vivement.*)

SCÉNE XIII.

TICQUETONNE, *seul.*

Je n'y comprends rien... (*S'approchant de la fenêtre.*) Ah! le brigand... ah! le gredin, il accoste un homme dans la rue... il a été plus fin que moi... il aura un pantalon... Oh!... mais que vois-je... ah! ah!... (*il rit*) c'est un boulanger... en écossais... dans le simple appareil... ah! ah!... j'en ris beaucoup... Mais

* Ticquetonne, l'Anglaise, Racahout.

qu'entends-je? (*On entend ronfler dans le cabinet.*) Cette harmonie... qui participe du larynx et du nez me fait l'effet d'un ronflement... que je qualifierais de masculin... mais s'il ronfle... il dort... s'il dort... il est couché... s'il est couché... il est déshabillé... s'il est déshabillé... Mon Dieu !... comme le peu de mots que je viens de dire est logique... (*Ecoutant.*) Un sommeil pénible... semble l'agiter... il est malheureux, ne le réveillons pas !... O saint Pantaléon, mon patron, protége-moi !... (*Il entre tout doucement dans le cabinet et en sort virement tenant à la main le pantalon de peau du groom.*) Je le tiens!... enfourchons!... ayons de la prudence... surtout faisons silence. (*Il passe la jambe droite, mais en tenant les yeux fixés avec crainte sur le cabinet, et de manière à ne pas s'apercevoir qu'il a mis la jambe droite dans la jambe gauche du pantalon.*)

SCÈNE XIV.

TICQUETONNE RACAHOUT.[*]

RACAHOUT, *apercevant Ticquetonne.*

Que vois-je?

TICQUETONNE, *s'efforçant de mettre le pantalon, et ayant toujours les yeux fixés sur le cabinet.*

Peut-on faire des vêtements aussi étroits?

RACAHOUT.

Où a-t-il découvert ce pantalon? (*Il s'approche doucement de Ticquetonne et sans que ce dernier s'en aperçoive, il glisse sa jambe gauche dans la jambe droite du pantalon.*)

TICQUETONNE, *faisant des efforts.*

Je n'y suis pas.

RACAHOUT, *dans le pantalon.*

Et moi j'y suis.

TICQUETONNE, *se retournant.*

Vous?

RACAHOUT.

Moi...

TICQUETONNE.

Toujours lui !... (*Se croisant les bras.*) Monsieur !...

RACAHOUT, *même jeu.*

Monsieur !..

TICQUETONNE, *avec douceur.*

Ne tirez pas, je vous prie, vous allez la faire craquer... (*Avec force.*) Prétendriez-vous m'obliger à jouer avec vous le rôle de jumeau siamois... Je vous somme de sortir de mon pantalon !

[*] Racahout, Ticquetonne.

RACAHOUT.

J'en veux la moitié...

TICQUETONNE.

Ne t'agite pas dans notre propriété mitoyenne !

RACAHOUT.

Je fais plus, je veux l'autre jambe !... déménagez de l'autre jambe, et passez-la-moi... (*Il fait un pas.*)

TICQUETONNE.

Elle craque...

RACAHOUT, *même jeu.*

L'autre jambe, s'il vous plaît...

TICQUETONNE, *désolé.*

Elle craque !... ne bougez pas !... (*La culotte se déchire, ils s'éloignent.*)

SCENE XV.

Les Mêmes, L'HOTESSE.*

L'HOTESSE.

Eh bien ! vous êtes aimables, messieurs... vous êtes cause que mon Anglaise va repartir sur-le-champ... Mais vous me paierez la dépense qu'elle aurait pu faire...

TICQUETONNE.

Je ne demanderais pas mieux, si j'avais ma malle...

RACAHOUT.

Et moi ma valise, que vous faites voyager....

L'HOTESSE.

Du tout... j'avais dit à Jeannette de les porter en vous accompagnant... mais vous n'êtes pas descendu sur le bateau, de sorte que vos effets sont ici...

TOUS DEUX , *joignant les mains.*

O Providence !... (*Jeannette entre, elle apporte les effets.*)

L'HOTESSE.

On vous les monte... Il y a une malle à monsieur Ticquetonne...

RACAHOUT.

Ticquetonne ?

TICQUETONNE.

C'est moi.

L'HOTESSE.

Et la valise à monsieur Racahout... (*Elle sort, Jeannette la suit.*)

* Racahout, l'Hôtesse, Ticquetonne.

TICQUETONNE.

Racahout ?

RACAHOUT.

C'est moi !

TICQUETONNE.

Mon futur gendre !

RACAHOUT.

Mon futur beau-père !

TICQUETONNE.

Viens, que je te presse sur mon thorax !

RACAHOUT.

Hein ?

TICQUETONNE.

Oh ! que tu as un chien de caractère...

RACAHOUT.

Mais...

TICQUETONNE.

Oh ! que ton humeur est donc désagréable...

RACAHOUT.

Mais...

TICQUETONNE.

Oh! que tu as donc l'esprit plus mal tourné que les jambes!

RACAHOUT, *à part.*

Il m'injurie... que risquai-je à mon tour ? mon mariage est rompu... (*Haut.*) Mais vous vous croyez donc joli, vous vous croyez donc agréable, spirituel... mais vous êtes ennuyeux à crever, vous êtes bête comme un oison...

TICQUETONNE.

Ah! très-bien! tu as la franchise du Spartiate... ne change jamais... tu me vas ainsi, j'éprouvais le besoin d'avoir un gendre de ton acabit, je l'ai trouvé... je te donne ma fille...

RACAHOUT.

Quoi!... vous consentez ?...

TICQUETONNE.

Sois mon gendre... à la condition d'être logé, nourri et blanchi chez moi...

RACAHOUT.

O chance !

TICQUETONNE.

Je t'accorderai dix francs par mois pour tes menus plaisirs!

RACAHOUT.

C'est là la dot de votre fille ?...

TICQUETONNE.

Allons, parce que c'est toi... je mettrai cent sous de plus...
quinze francs par mois... le reste après mon décès...

RACAHOUT, *à part.*

Il est riche, il a un mauvais caractère... les contrariétés abat-
tent les vieillards facilement... (*Haut.*) J'accepte... maintenant le
couplet au public...

TICQUETONNE.

Chante-le... sur l'air de la romance...

RACAHOUT.

Ça peut aussi se chanter en duo...

TICQUETONNE.

En duo soit...

RACAHOUT.

    AIR :

En passant par le Palais-Royal,

TICQUETONNE.

Aujourd'hui Palais-National.

RACAHOUT.

Vous trouvez au bout d' la galeri'
Un théâtre où tous les soirs on rit.

TIQUETONNE.

Vous mettez la main dans vot' gousset,
Vous la r'tirez pour la glisser dans le guichet.

RACAHOUT.

Et l'on vous donne votre billet.
    Eh !
V, e, n, e, nez, venez,
S, o, u, sou, v, n, !, vent. souvent.
P, e, pre, n, e, nez, prenez,
Prenez vos billets au bureau.

TIQUETONNE.

Prenez vos bi, bi, bi, bi, bi, bi,
Prenez vos bi, bi, nez vos bi, bi, nez vos bi, bi.

ENSEMBLE.

Prenez vos bi, bi, bi, bi, bi, bi,
Prenez vos bi, bi, nez vos bi, bi, nez vos bi, bi,
    Bi !
V, e, ne, nez, etc.

Ce couplet peut être remplacé par ce qui suit.

RACAHOUT, *à demi-voix.*

Eh bien, à toi !

TICQUETONNE.

Quoi ?

RACAHOUT.

Le couplet au public...

TICQUETONNE.

Non, à toi...

RACAHOUT.

C'est toi qui l'as...

TICQUETONNE.

Du tout ! les auteurs ne m'en ont pas donné...

RACAHOUT.

J'ai cru que tu en étais chargé...

TICQUETONNE.

Il faut pourtant nous tirer de là... Improvisons-en un !

RACAHOUT.

Ça va... sur quel air ?

TICQUETONNE.

N'importe ! (*Au chef d'orchestre.*) Ayez la bonté, monsieur, de nous donner l'accord...

AIR *de la Vieille de Surène.*

TICQUETONNE.

Messieurs, dans cette oc-

RACAHOUT.

               casion,

Il faut montrer de l'ind...

TICQUETONNE.

            ...ulgence,

Et vous applaudirez, je pense,

RACAHOUT.

A notre impro...

TICQUETONNE.

...visation.

RACAHOUT, *parlé.*

A toi !

TICQUETONNE, *au public.*

O public que je révère,
Souris à mes faibles essais.

RACAHOUT.

Ne te montre pas sévère,
Et donne-nous un succès,

ENSEMBLE.

Ici, nous vous implorons;
Si nous n'avons pas de culottes,
Messieurs, donnez-nous des calotes,
Et nous nous en contenterons.

FIN,

TYPOGRAPHIE DONDEY-DUPRÉ, RUE SAINT-LOUIS, 46, AU MARAIS.